CONTENTS

Catalog #07-1098

ISBN# 1-56922-049-2

Produced by John L. Haag

Exclusive Distributor for the Entire World:

CREATIVE CONCEPTS PUBLISHING CORPORATION

410 Bryant Circle, Box 848, Ojai, California 93024

✢ Adios Muchachos

Música: Sanders
Letra: César Vedani

Tempo di Tango

A - diós mu - cha - chos com - pa - ñe - ros de mi vi - da, ba - rra que -

ri - da de_a - que - llos tiem - pos me to - ca_a mi hoy em - pren - der la re - ti -

ra - da, de - bo_a - le - jar - me de mi bue - na mu - cha - cha - da A - diós, mu -

4

madre, san- ta vie- ji- ta, y de mi no- vie- ci- ta que tan- to i- do- la-

tré. Se a- cuer- dan que e- ra her- mo- sa, más be- lla que u- na

dio- sa y que e- bri- o yo de a- mor le di mi có- ra- zon, mas el Se- ñor, ce-

lo- so de sus en- can- tos hun- dién- do- me en el llan- to me la lle- vó.

✢ Caminos de Ayer

Letra y Música: Gonzalo Curiel

Ca – – – mi – nos de a-yer————, pa-sa-do de un ro-man-ce que fue————. Ca– – –

✦ Aquel Amor

Letra y Música: Agustín Lara

A - quel a - mor ————, que mar - chi - tó mi vi - da ————, a - quel a - mor ———— que fue mi per - di - ción ————. ¿Dón - de an - da

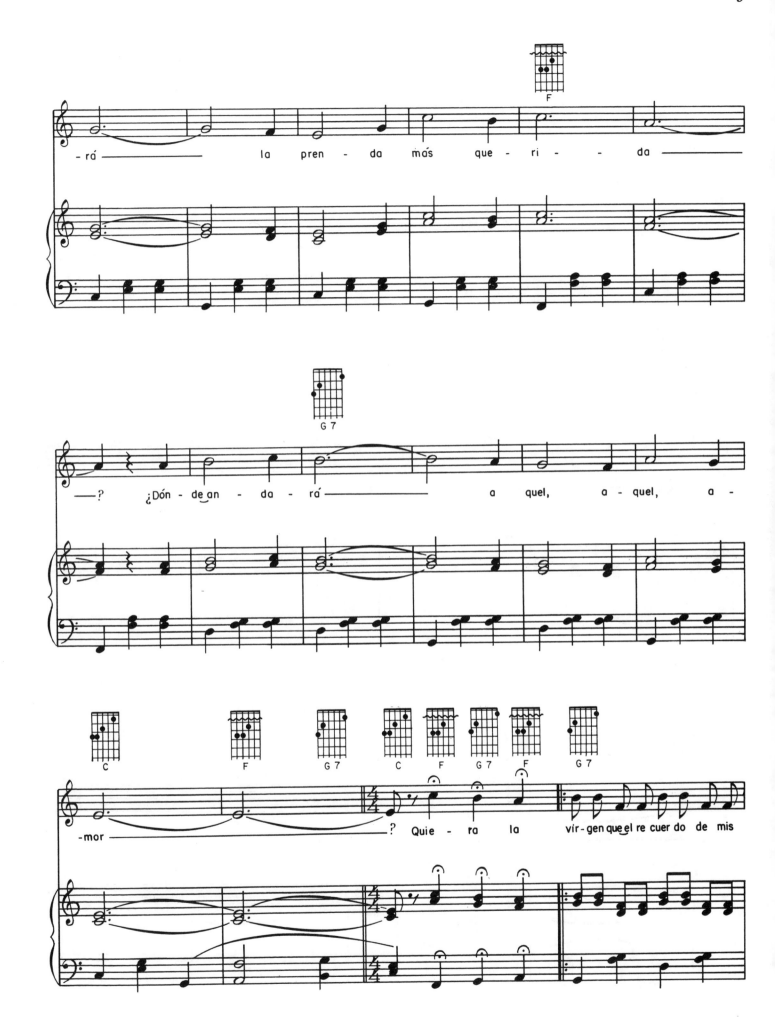

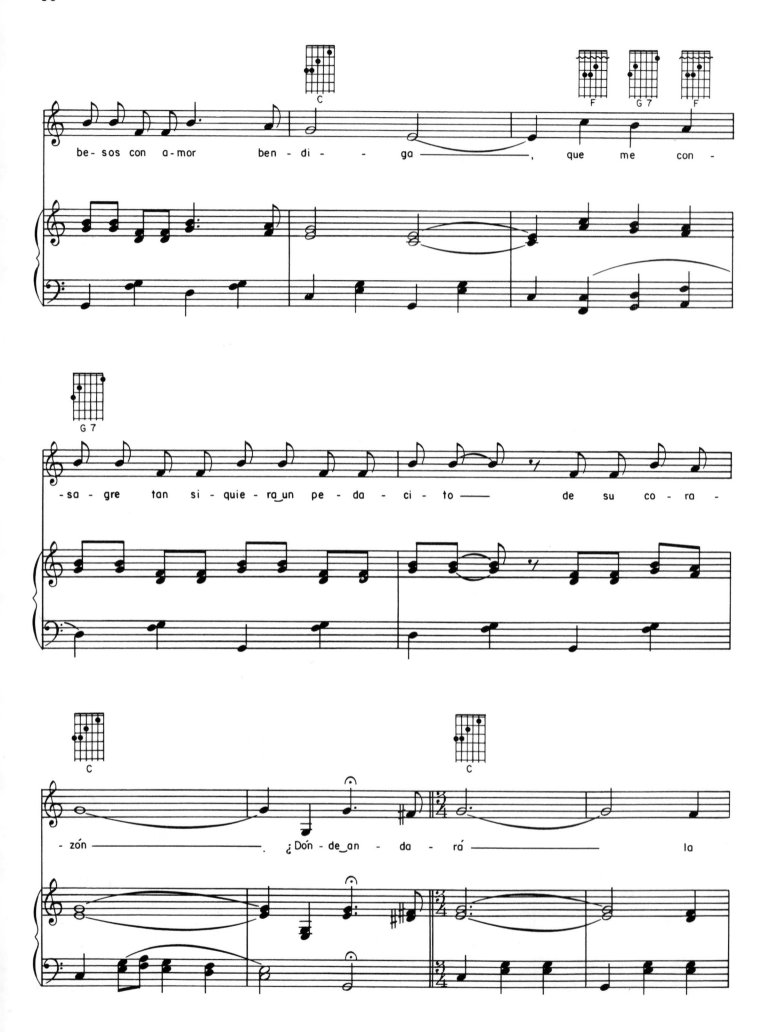

✧ Ay, Ay, Ay
Letra y Música: Anónimo

✢ Consentida

Letra y Música: Alfredo Nuñez de Borbón

Lle - - vo - tan - tas pe - - nas — en el al - ma———,

mi co-ra - zón———————se ha de que - dar en—tre tus ma - - nos———————

cuando el po bre es -té———— can— sa-do ya, de— tan to a-mar.

D 6

Aunque lo

al 𝄌 y 𝄂

rall.

mar————————————

⊹ Cuando Me Vaya

Letra y Música: Maria Greever

si por mis ce-los sen-tí-a mo-rir. Cuando me va-ya tal vez pen-sa-rás

que o-tros a-mo-res sa—bré con-quis-tar, dentro de tu alma qui—zá sen-ti rás—

los mismos celos que me hi-cis-te pa-sar—. Cuando me va-ya sé que por mí llo—ra—rás—.

⊹ Duerme

Música: Miguel Prado
Letra: Gabriel de la Fuente

✢ Duérmente, Niño Lindo

Letra y Música: Anónimo

Duér – me – te, Ni – ño lin – do, _____ en los bra – zos del _____ a – mor, _____ Que te a – rro – lla tu ma – dre _____ can – tan – do te a – la – rru. _____

No temas a Herodes,
Que nada te ha de hacer.
En los brazos de tu madre,
Nadie te ha de ofender. *Chorus*

✥ Ella

Letra y Música: José Alfredo Jiménez

Me can--sé de ro---gar--------le————————, me can--sé de de--cir--le   que yo sin

Me can--sé de ro--------le———————— con el llan-to_en los--o--jos   al--cé mi

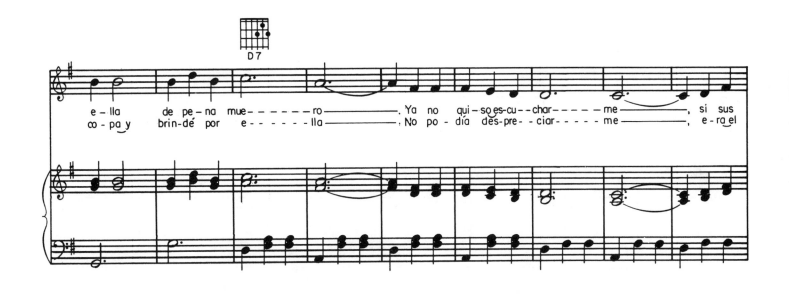

e-lla   de pe-na mue——————ro——————. Ya no qui-so es-cu-char-----me——————, si sus
co-pa y   brin-dé por e-------lla——————. No po-día des-pre-ciar-----me——————, e-ra el

la-bios se a--brie-ron   fue pa' de---cir-me   ¡ya no te quie------ro——————! Yo sen--
úl-ti-mo brin-dis   de un bo-he-mi--o   por u-na rei------na——————. Los ma--

-tí que mi vi------da——————   se per-dí en un a--bis-mo   pro-fun-do y ne-gro co--mo   mi
-ria-chis ca-lla-----ron——————, de mi ma-no sin fuer-za   ca-yó mi   co-pa sin dar--me

✠ El Cefiro
Letra y Música: Anónimo

Cancion Moderato

Blan - cos jas-mi - nes - can-tos de a -ves, Ru-mor de be-sos,

lle -va-le tu. - Mas no le di -gas - lo que ya

sa - bes, La no-che es ne-gra, la noche es negra la tar-de a-zul.

✧ Flor Silvestre

Letra y Música: Cuates Castilla

Flor sil-ves-trey cam-pe - si - na ———, flor sen-ci-llay na-tu — ral, no te creen u-na flor

Flor hu-mil-de, flor del cam-po ———, queen-ga-la-nas el zar— zal, yo te brin-doa tí mi

✛ Guantanamera
Letra y Música: José Marti

Moderato

Guan - ta - na - mer - a,   gua - ji - ra

Guan - ta - na - mer - a.   Guan - ta - na - mer - a,   gua - ji - ra

Guan - ta - na - mer - a.   Yo soy un hom - bre sin - ce - ro,   de don - de

cre - ce la pal - ma,_____   Yo soy un hom - bre sin - ce - ro,   de don - de

cre - ce la pal - ma,__ Y an - tes de mor-rir - me quie - ro, E - char mis
ver - sos del al - ma. Guan - ta - na - mer-a, gua-ji - ra Guan - ta - na - mer-a.
Guan - ta - na - mer - a, gua-ji - ra Guan - ta - na - mer - a.

Spanish verses

1. *Yo soy un hombre sincero,*
   De donde crece la palma,
   Y antes de morirme quiero,
   Echar mis versos del alma.

2. *Mi verso es de un verde claro,*
   Y de un carmin encendido,
   Mi verso es un cierro herido,
   Que busca en el monte amparo.

3. *Con los pobres de la tierra,*
   Quiero yo mi suerte echar,
   El arroyo de la sierra,
   Me complace mas que el mar.

NOTE - Repeat chorus after
   each of the above verses.

✢ Hoja Seca

Letra y Música: Roque Carbajo

Entré a es-ta ta - ber-na tan lle - na de co - sas, que-rien-do ol-vi - dar,

pe - ro ni las co - pas, se - ñor ta - ber - ne-ro, me hacen ol-vi - dar.

Me sal-go a la ca - lle bus can do un con - sue-lo, bus can do un a - mor,

pe-ro es im po - - si ble, mi fe es ho - ja se-ca que ma tó el do - lor.

No quie-ro bus - car-te ni espe-ro que lo hagas pues ya pa - ra qué...

se a-ca bó el ro - man ce, ma tas - te u na vi - da, se a ca-bó un a - mor.

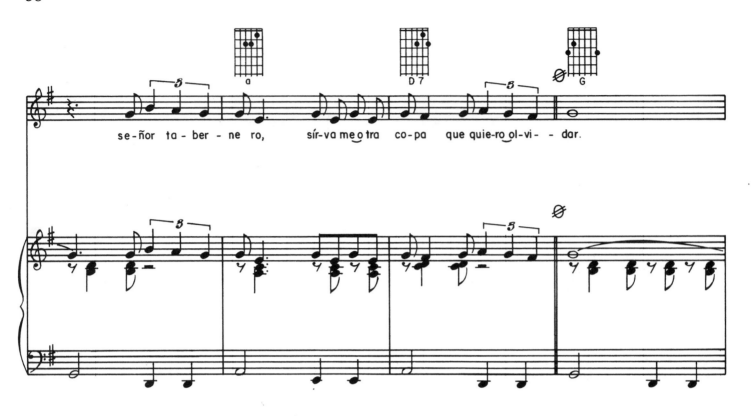

se-ñor ta - ber - ne ro, sír-va me o tra co-pa que quie-ro ol-vi - - dar.

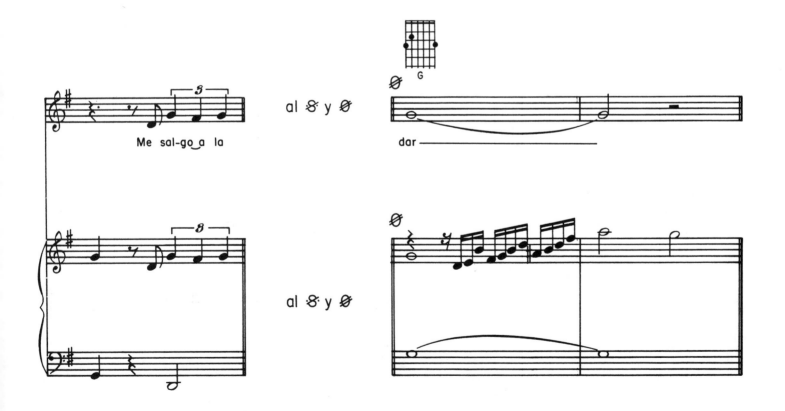

al 𝄋 y 𝄌

Me sal-go a la

al 𝄋 y 𝄌

dar —

✤ La Barca de Oro

Letra y Música: Anónimo

Yo ya me voy al puer - to don - de se ha lla ——

✤ La Cita

Letra y Música: Gabriel Ruiz

No hay na-da más her-mo-so que una

✢ La Feria de las Flores

Letra y Música: Chucho Monge

por to - di - tos los lu - ga - res ——. A-quí vi-ne, por - que vi - ne —
y con e - lla doy con - se - jos ——. A - tra-ve-sé la mon - ta - ña
aunque ten - ga jar - di - ne - ro ——. Yo la he de ver trans-plan-ta - da

a la fe - ria de las flo - res ——, no hay ce-rro que se me em-pi - ne
pa' ve-nir a ver las flo - res —, aquí hay u-na ro - sa hu - ra - ña
en el huer-to de mi ca-sa —— y si sa-le el jar - di - ne - ro

ni cua - co que se me a-to - re ——.
que es la flor de mis a - mo - res ——:
, pos a ver... a ver qué pa - sa ——:

✢ La llorona

Letra y Música: Anónimo

Sa — lí — as del —
— — de —

tem plo un dí — a, llo — ro — na, cuan do al pa sar— yo te ví —
mí llo — ro — na, llo — ro — na, llo — ro — na llé— va me al mar—

a

d   a   E 7

✧ La Mentira

Letra y Música: Alvaro Carrillo

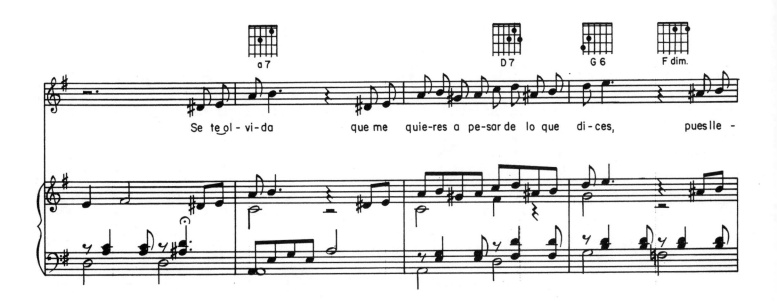

Se te ol - vi - da que me quie-res a pe-sar de lo que di - ces, pues lle -

✤ La Rana

Letra y Música: Anónimo

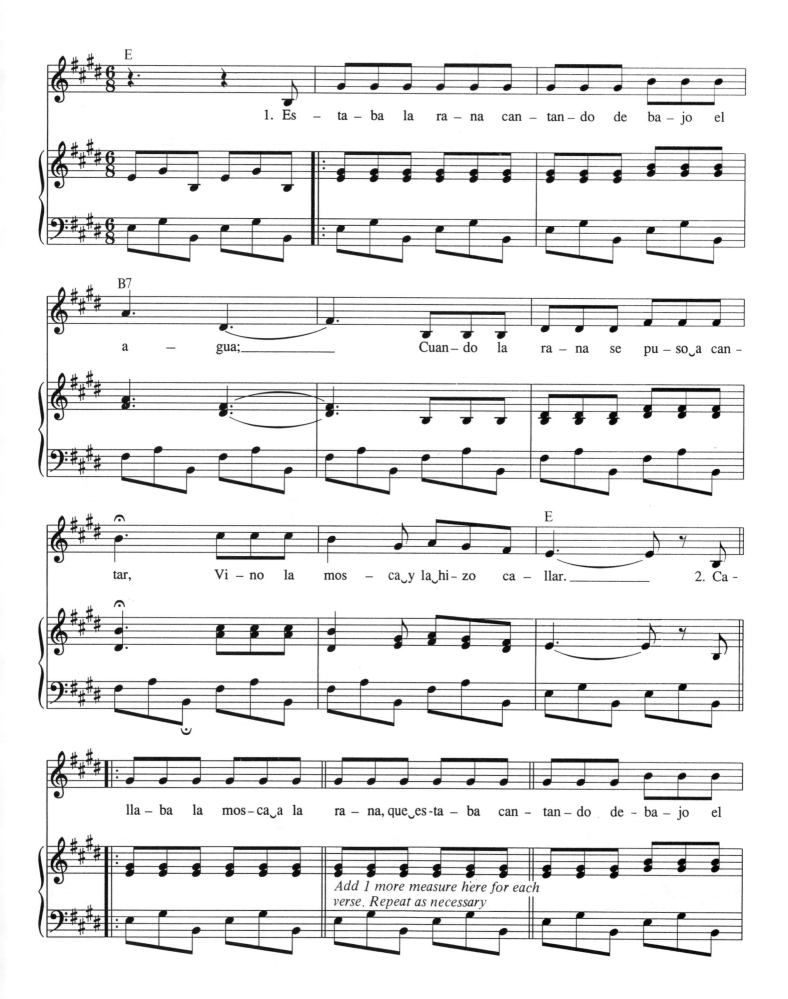

1. Es – ta – ba la ra – na can – tan – do de – ba – jo el

a – gua;_____ Cuan – do la ra – na se pu – so a can –

tar, Vi – no la mos – ca y la hi – zo ca – llar._____ 2. Ca –

lla – ba la mos – ca a la ra – na, que es – ta – ba can – tan – do de – ba – jo el

Add 1 more measure here for each verse. Repeat as necessary

a - gua;_____ Cuan-do la mos-ca se pu-so a can-tar, Vi - no la a-

ra - ña y la hi - zo ca - llar._____ Ca - llar.

for repeats — *Final ending*

3. Callaba la araña a la mosca, la mosca a la rana, que
   estaba cantando debajo del agua;
   Cuando la araña se puso a cantar,
   vino el ratón y la hizo callar.

4. Callaba el ratón a la araña, la araña, a la mosca, la
   mosca a la rana que estaba cantando debajo del agua;
   Cuando el ratón se puso a cantar,
   vino el gato y lo hizo callar.

5. Callaba el gato al ratón el ratón a la araña,
   la araña a la mosca, la mosca a la rana que estaba
   cantando debajo del agua;
   Cuando el gato se puso a cantar,
   vino el perro y lo hizo callar.

6. Callaba el perro al gato, el gato al ratón, el ratón a
   la araña, la araña a la mosca, la mosca a la rana
   que estaba cantando debajo del agua;
   Cuando el perro se puso a cantar,
   vino el palo y lo hizo callar.

7. Callaba el palo al perro, el perro
   al gato, el gato al ratón, el ratón a la araña,
   la araña a la mosca, la mosca a la rana que estaba
   cantando debajo del agua;
   Cuando el palo se puso a cantar;
   vino el fuego y lo hizo callar.

8. Callaba el fuego al palo, el palo al perro, el perro
   al gato, el gato al ratón, el ratón a la araña, la araña a
   la mosca, la mosca a la rana que estaba cantando
   debajo del agua;
   Cuando el fuego se puso a cantar,
   vino el agua y lo hizo callar.

9. Callaba el agua al fuego, el fuego al palo,
   el palo al perro, el perro al gato, el gato al ratón,
   el ratón a la araña, la araña a la mosca,
   la mosca a la rana que estaba cantando
   debajo del agua;
   Cuando el agua se puso a cantar,
   vino el toro y la hizo callar.

10. Callaba el toro al agua, el agua al fuego, el fuego al
    palo, el palo al perro, el perro al gato, el gato
    al ratón, el ratón a la araña, la araña a la mosca,
    la mosca a la rana que estaba cantando debajo
    del agua;
    Cuando el toro se puso a cantar,
    vino el cuchillo y lo hizo callar.

✛ La Raspa
Música: Anónimo

✤ La Sandunga
Letra y Música: Anónimo

E 7

a

¡ San - dun - ga ————, San - dun - ga ma - má por

E 7

Dios ————. San - dun - ga no seas in - gra - ta ——

a

—, ma - má de mi co - ra - zón ————,

D.C. y FIN

D.C. y FIN

✣ La Sorella
Música: C. Borel-Clerc

✦ La Spagnola
Música: Vincenzo Chiari

Valse Moderato

✧ Negra Consetida

Letra y Música: Joaquín Paravé

Ne - gra, negra con sen - ti - da, ne gra de mi vi - da —

—, de-ja de llo - rar —, mi - ra — que mi pe cho a-

-man - te — es tá re-bo - san - te— de fe - li-ci - dad.

✠ Luna de Octubre

Letra y Música: José Antonio Michel

De las lu - nas —— la de oc - tu - bre es más her - mo - sa ——

—— , por-que en e - lla —— se re - fle - ja ——

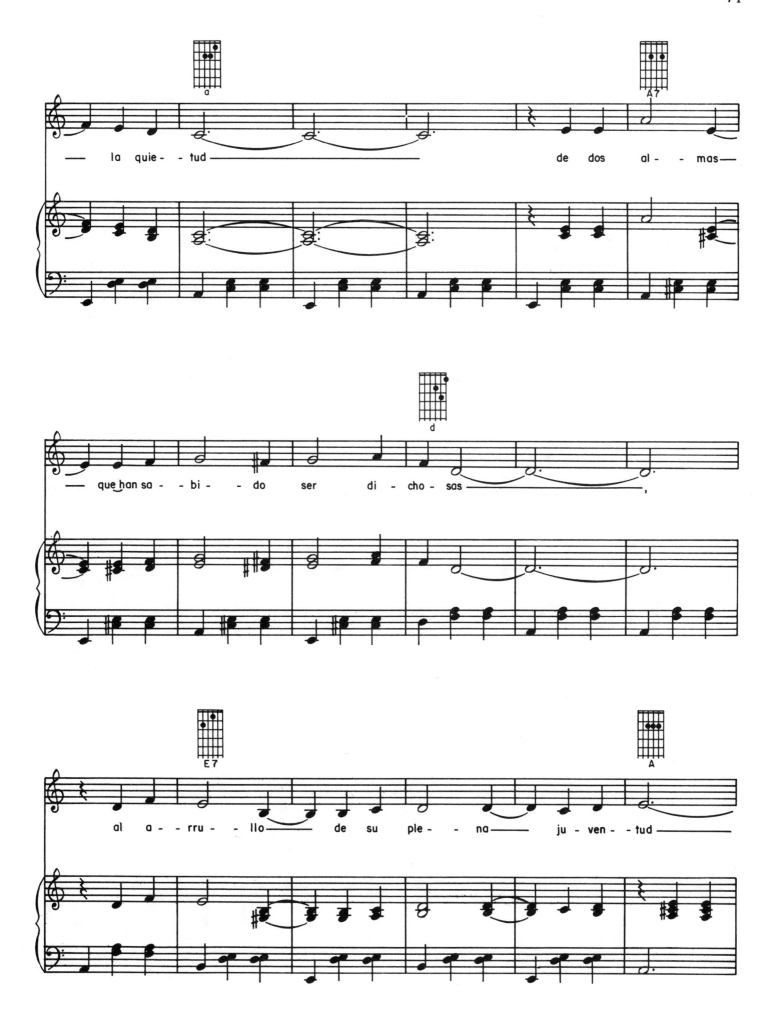

la quie- -tud _____ de dos al - -mas

que han sa- -bi- -do ser di - cho- sas _____ ,

al a- -rru- -llo____ de su ple - na____ ju - ven- -tud ____

72

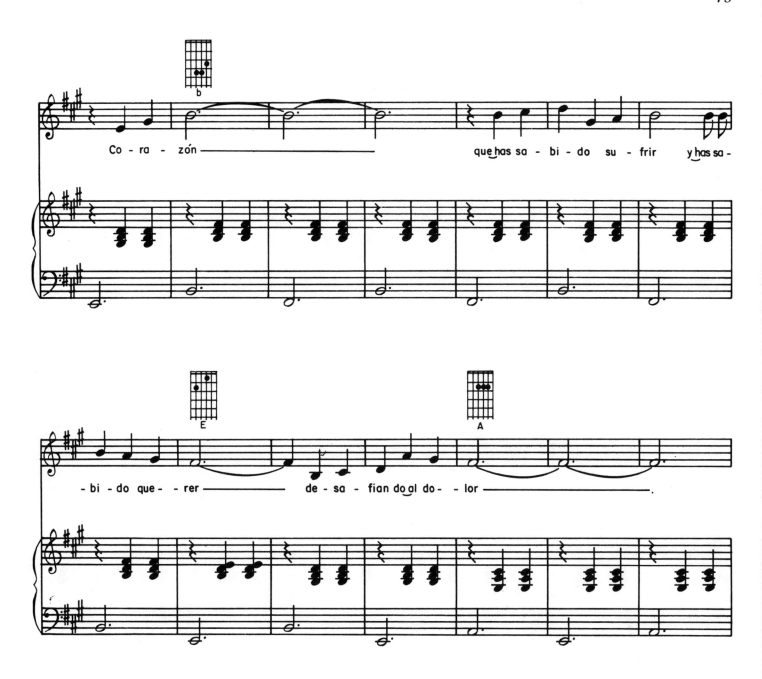

Co - ra - zón _____ que has sa - bi - do su - frir y has sa-

b

E   A

- bi - do que - rer _____ de - sa - fian do al do - - lor _____.

Hoy que em pie - za la vi - da tan só - lo al pen - sar _____

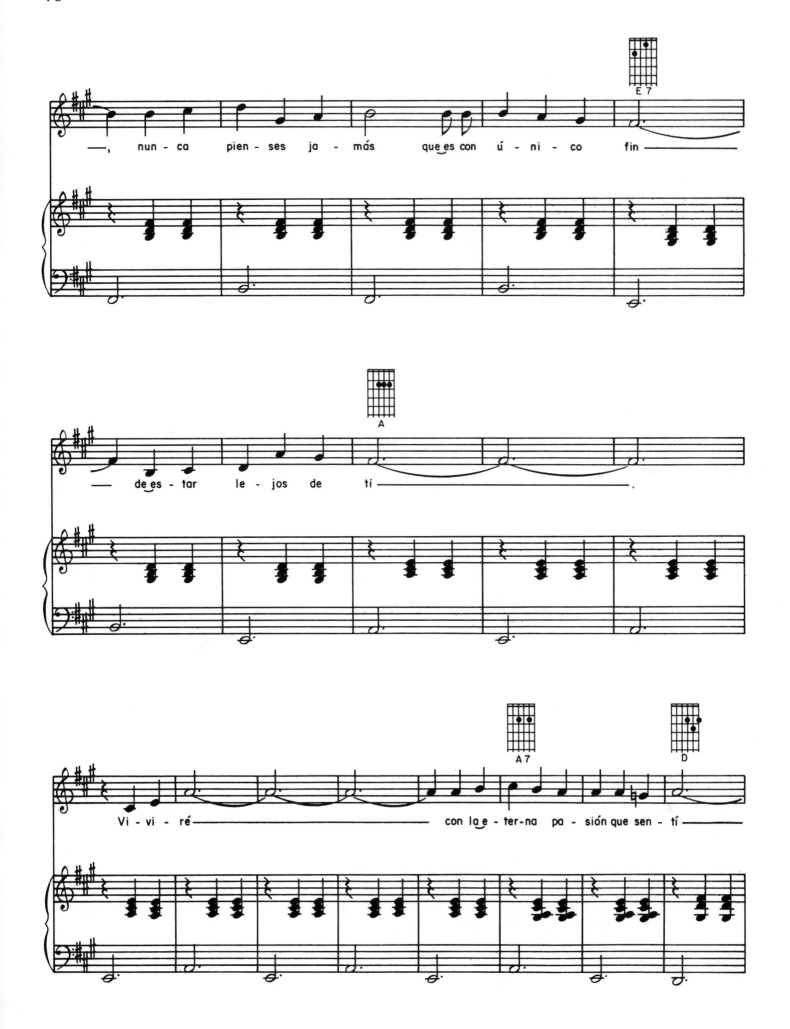

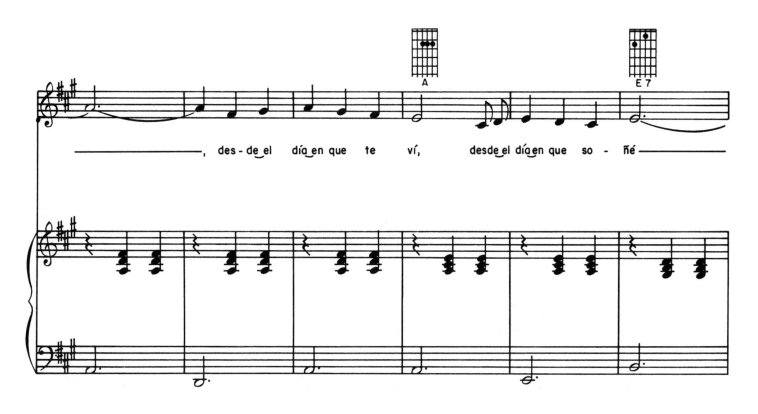

des - de el día en que te ví, desde el día en que so - ñé

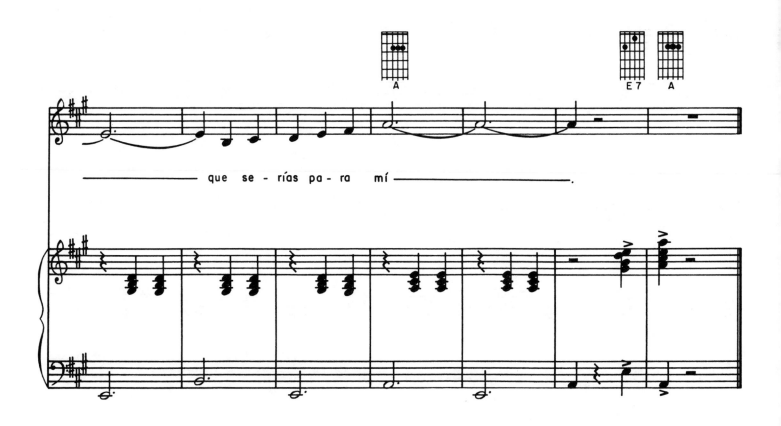

que se - rías pa - ra mí.

✣ *Nunca*

Música: Augusto Cárdenas Pinelo
Letra: Ricardo López Méndez

✦ Rosa
Letra y Música: Agustín Lara

Mi vi - - da ——— tris-te jar - dín ———

✣ Página Blanca

Música: Mario Kuri Aldana
Letra: Guillermo Lepe

Canción bolero

Te quie — — — ro ¡ay!, mi lin-da mu--ñe--

90

-mor, que sin e-llos no pue-de vi - - vir——— mi co-ra - -zón.

Te

al 𝄞 y 𝄞

al 𝄞 y 𝄞

men-tal——————— mia-mor sen-ti-

-men-tal——— mia-mor sen-ti - -men - -tal———————.

✤ Siete Leguas

Letra y Música: Graciela Olmos

Sie - te Le - guas el ca - ba - llo que Vi - lla más es - ti -
tú, Fran - cis - co Vi - lla qué di - ce tu co - ra -
En la es - ta - ción de I - ra - pua - to can - ta - ban los ho - ri -
Co mo a las tres de la tar - de sil - bó la lo - co - mo -

- ma - ba, cuan do o - ía sil - bar los tre - nes
- zón -, ya no te a - cuer das va - lien - te
- zon - tes, a - llí com - ba - tió for - mal -, la
- to - ra, a - rri - ba a - rri - ba mu - cha - chos

✣ Varita de Nardo

Letra y Música: Joaquín Pardavé

Va –

–ri – ta   bo – ni – ta,   va – ri – ta   de   nar – do   cor-

no - via pa - re - ce va - ri - ta de nar - do, co -
u - na ca - ji - ta guar - da - ba mis flo - res, co -

G 7

-mo flor o cual mu - jer————————; por
-mo prue - ba de mia mor————————; las

e - so te quier - ro, va - ri - ta de nar - do, por que
flo - res noe xis - ten, mas que dael per - fu - me que

só - lo te quie - ro, va - ri - ta de nar - do, pa - ra quéas - pi -
pa - ra per - fu -

-re tuo - lor———————. Va -

mar mia -

al :S: y Ø

al :S: y Ø

-mor.

Te Quiero Dijiste

Letra y Música: Maria Greever

Te - quie - ro ———, di - jis - te ———, to -

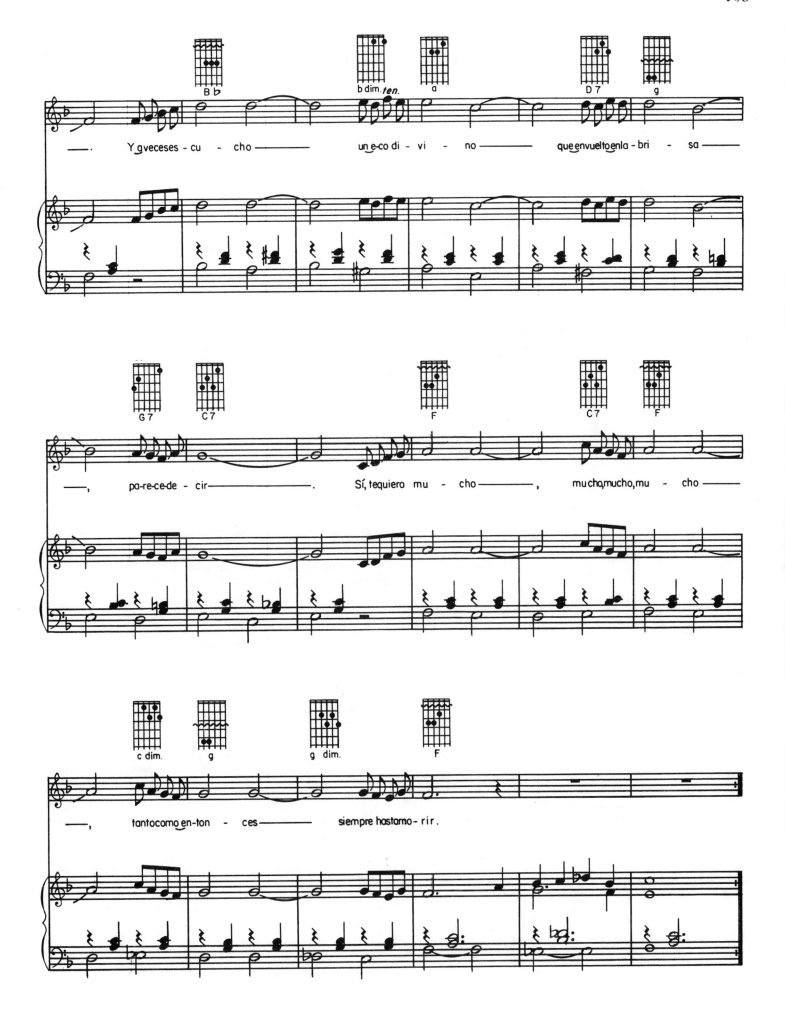

✥ Virgencita de Talpa

Letra y Música: Manuel Alvarez

Yo te ven - go a pe-

-dir —————————— Vir-gen-ci - ta de Tal - pa ———, que me vuel - va a que-

⚜ Vereda Tropical

Letra y Música: Gonzalo Curiel